NOTICE

SUR M. MAISSIAT,

CHEF D'ESCADRON AU CORPS ROYAL DES INGÉNIEURS-GÉOGRAPHES MILITAIRES,

SUIVIE

DE NOTICES

Sur la Carte des ex-quatre Départemens réunis de la rive gauche du Rhin;

ET

SUR M. TRANCHOT,

Colonel au Corps royal des Ingénieurs-géographes militaires.

PAR M. AUGOYAT,

Capitaine au Corps royal du Génie.

A PARIS,

CHEZ ANSELIN ET POCHARD (SUCCESSEURS DE MAGIMEL),
Libraires pour l'Art militaire, rue Dauphine, n° 9.

1822.

NOTICE

SUR M. MAISSIAT (1),

Chef d'escadron au corps royal des ingénieurs-géographes militaires, professeur de topographie à l'École d'application du corps royal d'état-major.

Michel Maissiat, chef d'escadron au corps royal des ingénieurs-géographes militaires, chevalier des ordres royaux de Saint-Louis et de la Légion d'honneur, et de l'ordre de Dannebrogue de Dane-

---

(1) M. Maissiat avait long-temps pratiqué son art avec succès ; ses ouvrages sont utiles à toutes les personnes qui sont chargées de levés topographiques dans les services publics, civils ou militaires ; en voici la liste :

1. Tables portatives de projections et de verticales pour avoir la réduction des côtés inclinés à l'horizon, et la hauteur ou l'abaissement d'un point relativement à un autre. Prix, 2 fr. 50 c.

2. Mémoire sur quelques changemens faits à la boussole et au rapporteur ; suivi de la description d'un nouvel instrument, nommé *grammomètre*, servant à disposer, sur les plans et cartes, les hauteurs et l'inclinaison des écritures, et à diviser sans compas les lignes droites. Paris, 1818, 1 vol. in-8° ; papier grand-raisin satiné. Prix, 6 fr.

Nota. L'ouvrage contient huit belles planches où tous les détails de la construction des instrumens décrits dans le texte sont exprimés à une très-grande échelle.

On peut avoir séparément le tableau des écritures et deux autres tableaux pour l'usage du grammomètre appliqué au dessin de l'architecture et de la fortification. Prix, 1 fr.

3. Tables des projections des lignes de plus grande pente, ou longueurs des hachures calculées pour exprimer, dans les levés to-

marck , professeur de topographie à l'école d'application du corps royal d'état-major, naquit à Nantua , département de l'Ain , le 19 septembre 1770. Lorsque les bataillons de volontaires s'organisèrent en 1792 , on le nomma lieutenant dans le 5e bataillon de volontaires du département de l'Ain , qui fut d'abord envoyé à l'armée des Alpes , ensuite à l'armée du Rhin , et fut incorporé dans la 4e demi-brigade d'infanterie légère. Il fit avec ce corps les campagnes de 1792 , 93 et 94. Dans la retraite de l'ar-

---

pographiques le relief des montagnes suivant la rapidité des pentes ; avec un dessin gravé de montagnes et coteaux. Paris, 1819. Prix, 1 fr. 25 c.

4. Notice sur une nouvelle échelle destinée à relever sur les plans et cartes topographiques la mesure des inclinaisons des pentes. Paris, 1821. Prix, o fr. 75 c.

5. Etudes gravées de cartes-minutes, à l'échelle de $\frac{1}{10000}$. Prix, 1 fr. 50 c.

6. Etudes lithographiées de topographie et de montagnes, dans les environs de Clostercamp, de Limbourg, de Duisbourg, dans les Vosges, aux échelles de $\frac{1}{72000}$, $\frac{1}{10000}$ et $\frac{1}{15}$. Prix, 2 fr. 50 c.

Le prix des mêmes, coloriées, est de 4 fr. à 5 fr., suiv. le travail.

7. Plan en relief, en plâtre, du Mont-Tonnerre, à l'échelle de $\frac{1}{10000}$. Long., o^{m}55, larg., o^{m}45. Prix, 3o fr.

Le même avec les courbes horizontales. Prix, 6o fr.

8. Plan en relief, en plâtre, de la position du couvent des Capucins dans le golfe de la Spezzia. Prix, 15 fr.

Ce dernier relief a été exécuté d'après le levé de M. Clerc, chef de bataillon des troupes du génie, topographe très-connu, qui a beaucoup contribué aux progrès de l'art par ses travaux et ses leçons à l'École polytechnique.

On trouve les différens ouvrages de M. Maissiat, chez madame *Maissiat*, rue Mazarine, n° 52 ; chez *Anselin et Pochard*, libraires pour l'art militaire, rue Dauphine, n° 9 ; et chez *Piquet*, géographe, quai Conti, n° 17.

(5)

mée du Rhin sur les lignes de Lauterbourg , il eut
le commandement d'un détachement, avec lequel
il tint une conduite très-honorable. Placé de grand'-
garde avec 5o hommes, dans une île du Rhin au
nord du village de Hoerdt, il fut cerné par l'ennemi,
qui avait débouché par la forêt du Bienwald; ne
voulant pas capituler, il s'ouvrit un passage , et ,
après une marche de quatre lieues à travers les ma-
rais et les oseraies des bords du Rhin , il rejoignit à
Neubourg la division dont il faisait partie. Il se
trouva aux différens combats que l'armée française
livra dans les Vosges , lorsqu'elle reprit l'offensive
en 1794. Désigné plusieurs fois par ses chefs pour
reconnaître les positions de l'ennemi, il annonça
par les renseignemens qu'il fournit en remplissant
ces missions, les dispositions qu'il avait pour le service des reconnaissances militaires. Il eut bientôt
une occasion de les cultiver plus spécialement, et
de s'adonner entièrement à la topographie. Il fut
adjoint à l'adjudant-général Tonnet (1) , chargé des
reconnaissances militaires à l'armée de Rhin-et-Moselle, et fut employé à la carte des montagnes du
Palatinat, pendant les siéges de Mayence et de la

---

(1) Cet officier général tint lieu de maître à M. Maissiat dans ses
premiers travaux ; il lui écrivait en 1794 : « Ne fais pas languir tes
» rapports, car il faut que la mémoire y préside; la négligence
» dans les détails est une faute capitale qui fait perdre tout le mérite
» d'un travail. Ne te presse pas dans les commencemens pour la
» distribution des masses de même culture, et ne fais usage du com-
» pas que quand tu auras mis le coup-d'œil à la torture ; si les ta-
» bleaux de tes petits carrés sont bien faits, tu trouveras la plus
» grande facilité à apprécier tous les angles et à proportionner tous
» les côtés. »

tête de pont de Manheim. Après avoir levé le Mont-Tonnerre et la position de Kaiserslautern, il reçut une commission d'ingénieur-géographe à l'armée de Rhin-et-Moselle.

Il fit à cette armée les campagnes de 1795 et 1796, où les ingénieurs-géographes furent extrêmement occupés ; les reconnaissances qu'ils firent des rives du Rhin, des défilés de la Forêt-Noire, et des différens champs de bataille ne furent pas inutiles aux succès de l'armée, et servirent dans la suite à la confection de la belle carte de la Souabe que le dépôt de la guerre a publiée en 1818. Même pendant la retraite, qui fut longue et pénible, et qui dura un mois sans qu'on eut la moindre communication avec la France, ces ingénieurs reconnurent, autant que possible, le peu de pays que l'armée parfaitement réunie avait à traverser au milieu des Autrichiens. Lorsqu'ils furent supprimés (1) en 1797, le général Moreau et son chef d'état-major firent valoir les services que leur corps avait rendus, et hâtèrent l'organisation provi-

---

(1) Les ingénieurs-géographes ont été organisés en corps militaire, spécialement chargé des plans et cartes aux armées, par ordonnance du 26 février 1777 ; ils furent supprimés par une loi du 16 octobre 1791 ; mais ils continuèrent à servir dans les états-majors des armées, en vertu de commissions, qui furent révoquées par un arrêté du 11 mai 1797. Plusieurs passèrent dans le corps du génie. Ils furent ensuite rétablis sous le nom d'ingénieurs-géographes du dépôt de la guerre, et de nouveau organisés en corps militaire, par décret du 30 janvier 1809. Enfin l'ordonnance du 1er août 1814 a rendu au corps le nom et les attributions qu'il avait eus dans l'origine. (*Voyez* le 2e numéro du Mémorial de la guerre.)

M. le comte Mathieu Dumas a apprécié avec beaucoup de justesse, dans une note sur la topographie (*Précis des événemens militaires*, tome 1er, page 424), les progrès que cet art doit à

soire, qu'il ne tarda pas à recevoir. M. Maissiat travailla à la carte de Kehl, à la carte du champ de bataille de Neresheim, à celle des passages du Rhin à Kehl et à Diersheim, à celle du champ de bataille de Renchen et d'une partie de la Forêt-Noire (1) jusqu'au Knibis. Pendant la paix qui suivit le traité de Campo-Formio, il fut employé sur les deux rives du Rhin à différens travaux topographiques, sur lesquels nous ne donnerons aucun détail. Enfin il fit la campagne de 1800 à l'armée d'Allemagne, et rentra en France, après la bataille de Hohenlinden. Ce fut sa dernière campagne militaire; il ne s'occupa plus dans la suite que de travaux topographiques permanens.

Parmi les conquêtes que les armées françaises avaient faites depuis le commencement de la guerre, celle des quatre départemens, du Mont-Tonnerre, de la Sarre, de Rhin-et-Moselle, et de la Roër, qui donnait à la France sa frontière naturelle, qui la rendait maîtresse de Mayence, du cours de la Moselle, des riches campagnes du Palatinat et de la Roër, était, sans contredit, une des plus importantes. En 1801, le premier consul prit un arrêté

---

l'institution du corps des ingénieurs-géographes; son opinion paraît entièrement favorable à l'existence d'un corps spécial, chargé de perfectionner les méthodes et conserver la tradition des procédés de la topographie.

(1) La carte de la Souabe fut précédée d'une reconnaissance de la Forêt-Noire, par M. le comte Guilleminot, aujourd'hui directeur général du dépôt de la guerre, qui parut dans les 4e et 6e numéros du Mémorial du dépôt, et qui a été traduite en allemand avec des notes et un appendice sur la défense de la Souabe.

pour faire dresser une carte générale de ces départemens , qui pût se lier avec celle de France par Cassini. Feu M. le colonel Tranchot, qui était connu
par la part très-active qu'il avait prise à la mesure
des bases de Melun et de Perpignan , et par plusieurs
autres opérations géodésiques , eut la direction de
ce travail ; il justifia la confiance qu'on avait dans
ses talens , par l'ordre qu'il établit dans toutes les
branches du service, et par les soins qu'il apporta
dans la triangulation , qui était nécessaire , tant
pour lier la carte des quatre départemens à celle de
France que pour raccorder tous les levés de détail.
Il fut principalement secondé dans la triangulation
par M. Pigeou , ingénieur-géographe très-laborieux
et très-instruit. On atteignit le double but qu'on se
proposait , au moyen de 72 triangles du premier
ordre et de 800 triangles secondaires. Le réseau des
triangles du premier ordre avait pour base de départ
la distance de Dunkerque à Cassel , mesurée par
M. Delambre , et s'appuyait à la base d'Ensisheim ,
mesurée en Alsace par M. le colonel Henri.

M. Maissiat fut du nombre des ingénieurs-géographes qui composèrent les brigades topographiques
chargées des levés de détail ; on doit le mettre au
premier rang , parmi les collaborateurs de M. Tranchot , en raison de l'étendue de terrain qu'il a levée , et de la part qu'il eut aux progrès de la topographie dans ces travaux. Pour faire la distribution
des levés , on partagea le terrain de Nimègue à Lan-
dau , en bandes dirigées de l'est à l'ouest, chacune de
10,000 mètres de largeur , et d'une longueur déter-
minée par l'étendue de la carte en longitude ; cha-

que bande fût subdivisée en carrés portant un numéro d'ordre dans chaque série ou bande ; et chaque feuille de distribution fut composée de deux carrés, formant un rectangle dont les côtés avaient l'un 20,000 mètres, et l'autre 10,000 mètres, et étaient rapportés, par des distances connues, à la méridienne de l'Observatoire royal de Paris et à sa perpendiculaire. La superficie de chaque feuille était d'un peu plus de 10 lieues carrées de 25 au degré. Levée à l'échelle d'un mètre pour 20,000 mètres qui avait été prescrite pour les minutes, chaque feuille mise au net, y compris les cahiers statistiques qui étaient exigés, était l'ouvrage d'une année, dont huit mois sur le terrain et quatre dans le cabinet. La carte entière comprenait 110 feuilles ou 1,100 lieues carrées.

Les levés de détail se firent, tantôt à la planchette, tantôt à la boussole. Selon les règlemens du service du dépôt de la guerre, la boussole ne doit être employée que pour lever les intérieurs de bois ou les terrains très-fourrés. La petitesse de l'échelle des minutes, la nature du pays dans les départemens réunis, qui est coupé de vallées profondes ou extrêmement couvert dans les terrains plats, obligèrent les ingénieurs-géographes à faire un usage assez fréquent de la boussole ; ils cherchèrent alors les moyens de perfectionner cet instrument et la manière de s'en servir ; ils eurent le bonheur d'y réussir.

Pour rapporter les opérations, lorsqu'on est sur le terrain, en levant à la boussole, comme cela se pratique en levant à la planchette, ils fixèrent les feuilles-minutes sur des planchettes simples et légères, en un mot très-portatives (1), et qu'il ne faut pas confondre avec les planchettes ordinaires à alidade. Ces minutes ont deux côtés parallèles à la méridienne dont on se sert, et deux autres qui lui sont perpendiculaires ; elles sont partagées en carrés de mille mètres de côté par des lignes, dont les unes sont parallèles et les autres perpendiculaires à la même méridienne.

En 1804, M. Boucher, capitaine ingénieur-géographe, employé à la carte des quatre départemens, imagina un mécanisme très-simple pour faire tourner à volonté le limbe de la boussole. La ligne nord-sud, qui partage la circonférence en deux parties égales, et à partir de laquelle on commence à compter les degrés, au lieu d'être parallèle à la ligne de foi de l'alidade, forme avec elle, dans les nouvelles boussoles, un angle qui varie suivant le lieu où l'on se trouve ; le limbe est orienté, préliminairement, de manière que le diamètre, qui marque zéro et 180 degrés, correspondant à l'aiguille de la boussole ; le diamètre fixe, qui est parallèle à la ligne de foi de l'alidade, correspond à l'extrémité de l'arc qui mesure l'angle de déclinaison de l'aiguille aimantée. L'avantage qui résulte de ce changement, est de lire sur la boussole les angles que les rayons visuels, dirigés sur les objets, forment avec le méridien vrai.

---

(1) On trouve dans le *Philosophical magazine*, année 1819, 38ᵉ vol., la description d'un cercle à réflexion, avec lequel on peut mesurer et rapporter immédiatement dans leur grandeur, les angles qu'on a observés, sans avoir la peine de les lire. Cet instrument, décrit par le général Douglas, est absolument semblable au *sextant graphique* de M. Epailly, qui est très-antérieur.

Il n'est plus nécessaire de tracer sur les minutes des dessins les parallèles à l'aiguille aimantée, pour rapporter les angles donnés par l'observation; ni de changer ces parallèles sur le plan, lorsque la déclinaison a varié et n'est plus d'accord avec les points du canevas; il suffit alors de rappeler le limbe. Les opérations graphiques sont plus courtes, et le dessin n'est pas surchargé de lignes inutiles au crayon.

A la même époque, M. Maissiat imagina *un nouveau rapporteur*, au moyen duquel les directions prises avec la boussole peuvent être rapportées ou sur les méridiennes ou sur les perpendiculaires. Les rapporteurs ordinaires n'étant gradués que sur une circonférence, ne servent à rapporter que sur les méridiennes; lorsque l'angle observé est aigu ou obtus, une seule opération ne suffit pas toujours pour le rapporter. En effet, lorsque le centre du rapporteur et le degré qui a été indiqué par l'aiguille sont placés sur une des méridiennes, souvent le centre de la règle parallèle au diamètre du rapporteur ne peut pas atteindre le point de station, ou le couvre s'il est près de la méridienne. Dans ces cas, il faut tracer la direction hors du point de station, et lui mener ensuite une parallèle par ce point. Cette double opération a été long-temps une des causes qui ont empêché la boussole d'avoir toute la préférence qu'elle mérite pour les levés de détail. *Le nouveau rapporteur* doit être construit en corne flexible et transparente; il présente deux graduations : l'une faite sur une demi-circonférence, et l'autre sur un arc intérieur de 100 degrés seulement. La première est un rapporteur ordinaire; la seconde porte le nom

de *rapporteur complémentaire*. Les zéros et les nom-
bres semblables des deux rapporteurs sont mis sur
des rayons qui forment entre eux des angles droits ;
conséquemment la direction prise sur un objet avec
la boussole , et dont l'angle est donné avec le méridien , peut être rapportée en se servant des méri-
diens et de la demi-circonférence , ou en se servant
des perpendiculaires et du rapporteur complémentaire.

Obligés , comme nous l'avons dit , d'employer
assez fréquemment la boussole , les ingénieurs-géographes s'appliquèrent à former des perimètres exac-
tement fermés sur les points trigonométriques ; ils
multiplièrent ces perimètres ; ils en mesurèrent de
nouveau les côtés , en procédant au levé de l'intérieur , et s'assurèrent de cette manière qu'ils avaient
opéré avec exactitude.

Ils reconnurent, en outre, que cette méthode est
applicable , dans les cas où l'on manque de points trigonométriques , pourvu que l'on multiplie suffisam-
ment les perimètres qui lient toutes les opérations
entre elles , et qui servent à les vérifier. M. Maissiat
en rapporte une preuve que nous devons citer : pendant les différentes suppressions des ingénieurs-géographes , il exécuta , en suivant cette méthode avec
deux de ses collègues, MM. Boclet et Charrier, un
levé de 70 lieues carrées , à l'échelle de 6 lignes pour
100 toises, $\frac{1}{14400}$, dans les gorges du Palatinat, pays
montueux et coupé de vallées profondes , dont on
n'avait que de mauvaises cartes. Ce levé ayant été
vérifié , lorsque la carte des quatre départemens fut
ordonnée, il fut trouvé exact , et jugé digne d'en

faire partie. Il fut encadré dans un grand triangle dont les sommets étaient le Donnersberg, le Calmet, et Ketterich près de Bitche; le côté Donnersberg-Ketterich avait 59,166 mètres, celui Donnersberg-Calmet 35,500, et celui Ketterich-Calmet 40,900; M. Tranchot compara les côtés de ce triangle, qu'il avait calculés, avec ceux du même triangle mesurés sur les mappes du levé, en prenant pour module le côté Donnersberg-Ketterich; les différences, qui étaient de 52 mètres en moins sur le côté Donnersberg-Calmet, et de 34 mètres en plus sur le côté Ketterich-Calmet, n'étaient pas appréciables à l'échelle de $\frac{1}{10000}$. Ce travail faisait d'autant plus d'honneur à MM. Boclet (1), Maissiat et Charrier, qu'ils l'avaient exécuté à leurs frais, et qu'ils avaient eu à surmonter toutes les difficultés qui naissaient des circonstances, de leur position, et du défaut d'instrumens pour faire une triangulation.

Le gouvernement avait nommé en 1802, à l'occasion des grands travaux topographiques qu'il avait entrepris, une commission mixte, pour discuter les moyens de simplifier et de rendre uniformes les signes variés qui, sur les cartes et les autres projections, servent à exprimer les accidens du terrain. La commission s'occupa, entre autres objets, des écritures qui sont nécessaires sur les cartes; on sait qu'elles contribuent à l'effet du dessin, lorsqu'elles sont bien peintes dans les proportions qu'elles doi-

---

(1) M. Boclet, chef d'escadron ,mort dans la campagne de Russie, est un des ingénieurs qui ont le plus travaillé à la carte des quatre départemens.

vent avoir. Après un long examen des travaux topo-graphiques qui offrent les meilleurs modèles en ce genre, M. le colonel Jacotin, au nom d'une com-mission dont MM. Chrestien et Bartholomé faisaient partie, présenta le tableau des caractères et des hau-teurs des écritures qui est inséré dans le cinquième numéro du *Mémorial* du dépôt de la guerre.

M. Maissiat construisit alors un nouvel instru-ment qu'il appela *grammomètre*, et dont la pro-priété est de donner à la fois, d'une manière prompte et exacte, sans se servir de compas, les hauteurs et les inclinaisons des lettres, adoptées dans le ta-bleau qu'on doit à MM. Jacotin, Chrestien et Bartho-lomé. Le déci-millimètre étant l'unité de hauteur des écritures, le *grammomètre* consiste, 1° dans une règle divisée en parties égales, chacune d'un demi-milli-mètre, *cinq fois l'unité de hauteur des écritures*; 2° dans un trapèze mono-rectangle, et mobile le long de la règle, de telle manière que, lorsque le côté oblique de l'instrument, qui est appliqué contre la règle, parcourt un demi-millimètre, le côté adjacent à l'angle droit qui donne la hauteur des écritures parcourt un déci-millimètre. Comptant la hauteur des écritures en demi-millimètres sur le côté obli-que, on opère sur des dimensions qui ne fatiguent pas la vue; ne portant pas les distances avec le com-pas, elles sont plus justes, et les dessins moins fati-gués. Enfin le principe des lignes proportionnelles sur lequel la construction de l'instrument est fondée, permet de le faire servir à diviser une ligne en au-tant de parties que l'on veut, à tracer beaucoup de parallèles à de très-petites distances les unes des autres , soit dans la gravure soit dans le dessin de la fortification et de l'architecture.

En 1806, M. Maissiat publia à Aix-la-Chapelle les *Tables portatives de projections et de verticales* dont il avait fait usage dans les levés de terrain en pays montueux. Il avait déjà adapté à la boussole, à cette époque , un niveau de pente pour mesurer les angles d'inclinaison au-dessus ou au-dessous de l'horizon. Ces tables épargnent aux topographes les calculs qu'ils sont obligés de faire pour avoir la longueur réduite des côtés mesurés sur les pentes , et l'élévation ou l'abaissement d'un point relativement à un autre. Elles sont précédées d'une instruction dont nous citerons le passage suivant, pour faire connaître les vues de l'auteur sur la topographie, à l'époque où il travaillait à la carte des quatre départemens.

« Une carte topographique qui peut réunir, à » l'exactitude de position des objets et au dessin du » terrain , la connaissance des différences de hauteur » d'un point à un autre, devient d'autant plus inté- » ressante et utile , qu'elle donne en cela un ensem- » ble du nivellement du pays , et peut, en cas de be- » soin, servir à en faire le relief, à projeter des chaus- » sées , à connaître la direction qu'on peut donner à » des canaux , et généralement à tout ce qui peut » avoir rapport à des travaux hydrauliques. Ces hau- » teurs relatives indiqueront encore avec quel degré » de force les coteaux opposés les uns aux autres doi- » vent être rendus , relativement à l'élévation au-des- » sus du fond qui les sépare.

» Comme, en faisant le levé du terrain , il n'est

» guère possible de prendre les côtes de hauteur de
» chaque mouvement ou pente successive d'une mon-
» tagne, ni celles de ses contreforts, et qu'aussi les
» échelles, sur lesquelles on lève quelquefois une to-
» pographie, ne permettent pas d'exprimer assez dis-
» tinctement un ponctué, ni des côtes sur les ha-
» chures qui doivent rendre ces différens mouvemens
» et l'ensemble de la montagne, ce qui prendrait
» beaucoup de temps si nécessaire pour faire un bon
» levé, rechercher tous les accidens de terrain et
» les plus petits mouvemens qui font la beauté et l'es-
» sentiel d'une carte militaire; on doit, en faisant les
» enceintes qui doivent achever le canevas, et en
» faisant le détail de sa feuille, prendre quelque an-
» gle d'inclinaison sur différens points; et lorsque la
» carte est terminée, il faut, pour compléter les
» tours d'horizon sur les objets dont il est essentiel
» de connaître la différence de hauteur, faire quel-
» ques observations aux endroits les plus convena-
» bles, et qui principalement doivent être un point
» culminant, un sommet ou un site auquel se ratta-
» chent différens affluens, d'où l'on puisse découvrir
» le plus d'objets possibles, et voir un point dont la
» hauteur soit connue, dans le cas où celle du point
» de station ne le serait pas. »

M. Tranchot, ainsi que ses collaborateurs, ne pré-
voyaient pas, tandis qu'ils donnaient tous leurs soins
à la perfection de l'ouvrage dont ils étaient chargés,
le témoignage d'approbation extrêmement flatteur
qui était réservé à leurs travaux. Un décret de 1804
avait institué vingt-deux prix décennaux; un autre
décret du 28 novembre 1809 porta le nombre de ces

prix à trente-cinq, dont un *à l'auteur de l'ouvrage topographique le plus exact et le mieux exécuté.* Ces prix devaient être décernés sur le rapport des Classes de l'Institut, auxquelles les ouvrages étaient renvoyés par un jury composé des présidens et secrétaires perpétuels de chacune des quatre Classes de l'Institut. Plusieurs ouvrages topographiques remarquables avaient été envoyés au concours. Le jury avait surtout distingué la *carte topographique de la Guyenne,* par Belleyme, comme le travail qui aurait été le plus digne du prix, s'il n'avait pas été en concurrence avec des travaux (1) plus récens, et qui paraissaient remplir mieux encore les intentions exprimées dans le décret. Il proposa, parmi ces travaux, la carte des quatre départemens réunis de la rive gauche du Rhin, levée par M. le colonel Tranchot, aidé de MM. les capitaines Maissiat et Pierrepont (2), comme l'ouvrage topographique le plus exact et le mieux exécuté. Les commissaires de l'Institut, MM. Buache, Cassini et Carnot avaient partagé cette opinion, et émis le vœu que les minutes qu'ils avaient vues fussent gravées dans leur grandeur, pour ne

---

(1) La carte du Caire et de ses environs, par M. Jacotin; la carte de Souabe, par M. Epailly; la carte de Bavière, par M. Bonne; la carte d'Italie, par M. Brossier; celle de l'île d'Elbe, par MM. Puissant et Moynet; la carte d'Helvétie, par M. Henri. Le jury fit une mention particulière de la carte des champs de bataille du Piémont, par M. Martinel, sous le rapport du figuré du terrain. La belle carte des chasses remontait à une époque antérieure au concours.

(2) M. Pierrepont, mort dans la campagne de Russie, a été très-regretté pour son caractère et ses talens; il excellait dans tous les genres de dessin de la topographie.

rien perdre de la beauté des détails (1). En faisant
ce choix, le jury ne préjugeait rien sur le mérite des
autres travaux, parce qu'ils n'étaient pas aussi avan-
cés, et que les circonstances dans lesquelles ils
avaient été entrepris n'avaient pas été les mêmes. La
carte des quatre départemens n'était elle-même pas
achevée, et n'avait pas reçu toute la publicité que
le décret exigeait, comme condition indispensable.
Le fondateur du prix pouvait seul résoudre cette dif-
ficulté; il trompa l'attente des savans et du public,
en ne décernant aucun des prix décennaux.

Nous sommes porté à croire, par la citation des
deux seuls noms de MM. Maissiat et Pierrepont, que
M. Tranchot avait plus particulièrement recommandé
les minutes de ces officiers, comme parfaitement exécutées sous tous les rapports de l'art et des principes. Mais, en général, toutes les minutes de la carte
des quatre départemens sont admirables par la ri-
chesse et la précision des détails, la pureté du trait,
et l'expression des plus légers mouvemens du terrain.
Une louable émulation s'était établie entre les ingénieurs qui travaillèrent dans ces contrées, et tous
avaient mis une grande exactitude dans leurs opérations. Ils s'étaient conformés aux instructions du
dépôt de la guerre, dont M. le comte Samson était
alors directeur général, en figurant le terrain d'a-
près le système des lignes de plus grande pente, in-
diquant tout ce qu'il offrait de remarquable par des
signes géologiques, rédigeant des cahiers statistiques

---

(1) Rapports et discussions sur les prix décennaux, page 148, ou
Moniteurs des 16 juillet et 27 novembre 1810.

qui donnaient la connaissance la plus parfaite du pays (1) ; enfin nivelant plusieurs points dans chaque bande.

La triangulation de la carte en est sans doute la partie la plus essentielle et la plus difficile ; l'exactitude dans les levés de détail, dans le figuré du terrain, n'exige pas le même savoir, mais elle exige un talent qui n'est pas moins apprécié, et elle est nécessaire à la perfection de l'ouvrage. M. le comte Mathieu Dumas fait remarquer dans la note que nous avons citée : que la topographie a beaucoup contribué aux progrès de l'art de la guerre, et que cet art, à son tour, a beaucoup contribué au perfectionnement de la topographie. Elle fut long-temps bornée au résultat des opérations de trigonométrie et de géométrie rectiligne, qui sont nécessaires pour déterminer les points les plus élevés ou les plus remarquables du pays ; on négligeait trop souvent les accidens du terrain, qui, pour être moins saillans, n'en sont pas moins précieux à recueillir, surtout dans la topographie militaire. Aujourd'hui, le travail géométrique n'est plus que le cadre destiné à renfermer un dessin exact, qui doit être la fidèle copie du terrain.

Après avoir rapporté tous les éloges qui furent donnés à la carte des quatre départemens, il convient de ne pas passer sous silence les défauts que la critique y a trouvés. La commission mixte, convoquée en 1802, était composée de topographes très-

---

(1) Traité de topographie, d'arpentage et de nivellement, par M. Puissant. Paris, 1820. On trouve dans cet ouvrage un modèle des cahiers statistiques dont nous avons parlé.

2

habiles et très-instruits : MM. Bacler d'Albe, Muriel, Jacotin, Chrestien, Epailly, Bartholomé, Clerc, Hervet, etc. Le travail qui a été le résultat de ses conférences, et qui est inséré dans le cinquième numéro du Mémorial de la guerre, fait époque dans la topographie : les principes de la projection horizontale, les teintes plates, les écritures, les signes conventionnels de toute espèce y sont bien déterminés. La commission discuta les différens systèmes qui furent proposés sur le figuré du terrain, et adopta le système des lignes de plus grande pente pour le trait des montagnes, l'usage des teintes à l'effet pour faire sentir le relief, en supposant un point de lumière au nord-ouest de la carte, et une certaine notation pour les degrés de pente et les points de niveau.

Les officiers du génie qui, avant l'arrivée de M. Tranchot, avaient eu dans les quatre départemens la direction des travaux militaires topographiques, y avaient fait adopter une autre méthode, qu'on appelle improprement *Méthode allemande;* car, elle était connue et pratiquée en France (1), long-temps avant que les auteurs allemands eussent cherché à donner à ses principes toute la rigueur dont ils sont susceptibles. Elle avait été exposée par M. Epailly dans les conférences de la commission. On suppose dans cette méthode que les rayons de lumière sont verticaux; et l'on exprime les pentes, en raison de la quantité de lumière qu'elles sont censées recevoir. Les différens talus des retranchemens

---

(1) Voyez la carte topographique et minéralogique d'une partie de l'Auvergne, levée en 1764-1769, par Pasumot et Daillé.

sont lavés , suivant ces principes , dans les plans du génie militaire ; et quant au sens dans lequel la pente a lieu , il est indiqué , pour chaque talus , par une teinte plus forte , le long de l'arête la plus élevée. L'objet essentiel qu'on se propose , dans le levé de détail d'un pays montueux , est d'accuser les pentes avec exactitude par le figuré du terrain. Pour y parvenir , les ingénieurs des quatre départemens ne se laissèrent rebuter par aucunes difficultés ; et long-temps ils obtinrent l'approbation la mieux méritée , quoiqu'ils ne suivissent pas la méthode prescrite. Mais lorsqu'ils arrivèrent dans les bandes monta-gneuses de la carte, où les pentes sont rapides , et les hauteurs relatives des sommets très-grandes , on craignit qu'ils ne fussent forcés de trop serrer les hachures , conséquemment, de sacrifier la transpa-rence du dessin qu'il est si important de toujours conserver , pour pouvoir ajouter les écritures , tracer des projets , intercaler des détails. En supposant qu'on pût reprocher ce défaut à quelques minutes , il tiendrait plutôt à l'exécution du dessin qu'au prin-cipe de la méthode (1) ; plusieurs figurés de hautes montagnes que nous avons vus , nous paraissent remplir toutes les conditions exigées. Mais on ne peut contester que l'expression exacte des pentes augmente beaucoup le travail de l'ingénieur, et n'est praticable que dans les levés de topographie permanente.

En 1810 , M. Maissiat fut nommé instituteur pour les levés et les reconnaissances militaires à l'école

---

(1) Les plans et cartes de l'atlas du prince Charles (campagne de 1799 en Allemagne et en Suisse), justifient cette assertion.

d'artillerie et du génie. Il n'accepta pas cette place. Il continua d'être employé à la carte des quatre départemens; l'étendue qu'il avait levée était alors de cent trente lieues carrées; elle consistait dans le plan de la ville d'Aix-la-Chapelle, les feuilles de Clostercamp, de Calcar et Mook, de Sittard, d'Aix-la-Chapelle, de Juliers, de Cornely-Munster, de Blanckenhéim, et celles du Mont-Tonnerre en commun avec MM. Boclet et Charrier. Il remplit, pendant les années 1811, 12 et 13, les fonctions de chef de section, et termina la triangulation secondaire du Mont-Tonnerre. Le chef de section devait faire quatre stations majeures dans chaque bande, indépendamment des stations particulières sur quelques objets de détail; il devait, en outre, s'assurer que les ingénieurs s'étaient procuré auprès des maires tous les renseignemens statistiques exigés.

L'invasion de 1814 vint interrompre les travaux de la carte des quatre départemens; ils étaient à peu près terminés. Les instrumens et toutes les minutes furent transportés à Metz par les soins de M. Maissiat; puis à Paris. M. Tranchot mourut le 30 avril 1815; il faisait honneur au corps auquel il appartenait, par ses talens, ses connaissances, et la réputation qu'il avait acquise dans les grandes opérations géodésiques qui lui avaient été confiées. M. Maissiat fut chargé de l'achèvement de la carte; il était occupé à faire calculer les positions géographiques, par latitude et longitude, de chaque sommet de triangle du 1er et du 2e ordre, pour construire la carte, à l'échelle du $\frac{1}{100000}$, selon la projection de Flamsteed modifiée, lorsque toutes les minutes, à l'exception de celles qui furent reconnues être sa propriété particulière, furent remises aux Prussiens, en 1815, en conséquence des traités.

M. Maissiat publia, en 1818, son *Mémoire sur quelques changemens faits à la boussole et au rapporteur*, et sur le nouvel instrument appelé *grammomètre*; il consigna dans cet ouvrage (1) les résultats de son expérience, afin de propager les méthodes qu'il avait pratiquées dans les levés et les reconnaissances. Il y fait connaître la nouvelle manière de lever à la boussole, la construction détaillée tant de cet instrument que des planchettes et du rapporteur, celle du grammomètre, et les différens usages auxquels il est propre. Nous ne reviendrons pas sur ces objets; nous ajouterons seulement que, la boussole décrite par l'auteur, est munie d'un éclimètre ou niveau de pente, instrument depuis long-temps jugé nécessaire, pour avoir la valeur des angles qui sont formés dans un plan vertical; tels que ceux des pentes, dont on a besoin pour calculer la projection des côtés inclinés à l'horizon, et la longueur des hachures. Dans les cas très-particuliers où l'aiguille aimantée éprouve des variations qui en interdisent l'usage, on peut mesurer les angles dans le plan ho-

---

(1) Cet ouvrage est imprimé avec luxe sur un grand papier satiné; et le prix en est très-modique. L'auteur mettait le même soin à l'impression de ses ouvrages qu'à tous ses travaux. Les tables de projections et de verticales, qui sont le résultat de calculs considérables, que le plus grand zèle pouvait seul faire entreprendre, sont imprimées avec une rare perfection. L'édition en est épuisée; et malgré leur utilité, le peu de bénéfice à espérer sur l'impression d'un ouvrage de ce genre, est un obstacle à une nouvelle édition.

rizontal sur l'arc de cercle du niveau , en tenant la boussole verticalement.

L'usage de la nouvelle boussole dans les levés fait acquérir à l'ingénieur l'habitude d'évaluer approximativement les pentes du terrain avec assez de justesse (1). Les jugemens que nous portons sans le secours d'instrumens sur l'inclinaison de la pente d'une montagne sont en général fort erronés , parce qu'ils sont fondés sur l'estimation à vue de deux distances à la fois , l'une horizontale et l'autre verticale. Ce sujet a occupé le savant Bouguer , dans les Mémoires de l'Académie des Sciences de Paris , pour l'année 1755. Plus la pente est rapide , plus le plan apparent diffère du plan réel ; par exemple , dit Bouguer , lorsqu'on regarde les pentes de 35 à 37 degrés , elles paraissent sous l'angle de 60 à 70 degrés.

M. Maissiat travaillait depuis quelque temps à la nouvelle carte de France , lorsqu'il fut nommé professeur de topographie à l'Ecole d'application du corps royal d'état-major , qui fut créé en 1818 (2) , sous le ministère de M. le maréchal comte Gouvion-St.-Cyr. Peut-être, dans l'état d'altération où était sa santé

---

(1) M. Benoît avait enseigné dans son cours l'usage qu'on pourrait faire du *goniomètre*, pour mesurer les pentes dans les levés à vue. Un jeune officier d'état-major, M. Hanus, a réalisé cette idée, en adaptant à cet instrument un genou à charnière. Le goniomètre imaginé par M. Fauquier, officier du génie , est une sorte d'équerre d'arpenteur, composée de deux pièces cylindriques qui emboitent , de manière que l'une peut tourner sur l'autre.

(2) Il fut nommé, à la même époque, professeur de topographie des pages du Roi, et remplit cette place pendant tout le temps que les pages de S. M. furent à Paris.

après tant de fatigues diverses, présuma-t-il trop de ses forces, en acceptant une semblable place dans un établissement nouveau, où tous les moyens d'instruction étaient à créer, et où l'art qu'il devait enseigner était la base principale sur laquelle l'édifice devait être élevé. Quoi qu'il fût parfaitement secondé par M. Benoît (1), lieutenant d'état-major très-instruit, qui lui avait été adjoint pour faire le cours théorique de topographie, il dut entreprendre, dans un court espace de temps, plusieurs travaux dont l'exécution exigeait l'application la plus soutenue. Il composa plusieurs *études de topographie*, où le figuré du terrain, qui est si essentiel dans les levés militaires, est extrêmement soigné ; il porta ces dessins sur la pierre lithographique, pour pouvoir les multiplier selon les besoins de l'école ; ce travail était pénible, ingrat, et décourageant par les difficultés. Il construisit plusieurs plans en relief, entre autres celui du Mont-Tonnerre, sur lequel on peut étudier et démontrer tout le système de la configuration des montagnes. Il fit les canevas trigonométriques de plusieurs levés par bandes, que les élèves ont exécutés dans les environs de Paris ; les triangulations qui existaient déjà, lui furent, il est vrai, de quelque utilité ; mais elles ne pouvaient lui fournir tous les points dont il avait besoin pour vérifier et raccorder les levés. Enfin il publia une *Notice sur une échelle*

---

(1) M. Benoît est auteur d'un ouvrage qui a pour titre : *Théorie générale des pèse-liqueurs*, où l'on trouve des idées ingénieuses sur la construction de ces instrumens. Il publie en ce moment un cours de topographie qui paraît par livraisons.

des pentes, et une *table des longueurs des hachures*, qui fait suite aux *tables de projections et de verticales*, et que toutes les personnes chargées de levés topographiques emploient aujourd'hui.

Tous ces ouvrages se rapportent à un même objet, le figuré du terrain, par des hachures normales aux projections de courbes que l'on conçoit tracées sur le terrain dans des plans horizontaux équidistans, et que l'on appelle courbes horizontales ou courbes de *niveau*. Avant que l'enseignement de la géométrie descriptive eût répandu la connaissance des propriétés des surfaces, on faisait les hachures suivant une pente qu'on disait moyenne entre une pente générale et une pente particulière qu'on attribuait aux montagnes. Le système des lignes de plus grande pente avait été précédé de celui des courbes de niveau, dont Buache s'était servi, long-temps avant Ducarla (1), pour représenter la pente du fond des mers sur plusieurs cartes qu'il avait publiées. Les courbes horizontales fournirent aux topographes le moyen le plus exact de tracer les projections des lignes de plus grande pente ; cependant ils tardèrent assez long-temps à l'employer. Il dérivait de la méthode de M. Epailly ; il fut enseigné à l'Ecole polytechnique par M. Clerc ; enfin il est exposé avec une grande clarté dans les petites tables de M. Maissiat.

Il suffit de lever sur le terrain quelques points des

---

(1) C'est d'autant plus à tort que l'on attribue à Ducarla le figuré géométrique du terrain par courbes horizontales, qu'il reconnaît dans le mémoire que le géographe Dupain-Triel a publié en 1782, que Buache est l'auteur de cette méthode.

courbes horizontales, ou de déterminer ces points par les longueurs des hachures prises dans les tables, ayant mesuré l'angle d'inclinaison de la pente, et porté sur le plan la projection de l'hypothénuse. Le figuré est alors d'une exécution facile, et exprime, d'une manière suffisante, sans le secours des ombres, le relief, les formes et tous les accidens du terrain. L'inclinaison des pentes est indiquée par le rapprochement des hachures, et mesurée par leur longueur dans chaque zone, comparée à l'équidistance verticale qui est de 2, de 5 ou de 10 mètres, selon l'échelle du dessin. Quoique le relief ne soit pas exprimé par cette méthode avec la même perfection que les pentes, il est facile de connaître les commandemens du terrain, et de distinguer les fonds des élévations, soit par le cours des eaux, soit en suivant la trace des courbes horizontales qui subsiste toujours plus ou moins. M. Maissiat adopta, dans la carte des quatre départemens, une méthode encore plus exacte, en ce qu'elle ne suppose pas toujours les courbes horizontales équidistantes; mais celle qu'il a suivie dans ses études de topographie est plus élémentaire, et plus facile à pratiquer dans une école, ainsi que sur le terrain en campagne.

Le choix de M. Maissiat, comme professeur de topographie, dans un établissement destiné spécialement à former des officiers exercés aux levés et aux reconnaissances militaires, était extrêmement convenable. M. Maissiat joignait aux connaissances de son état celles qui sont le fruit de l'expérience de la guerre; il aimait à communiquer l'instruction qu'il avait acquise, et prenait le plus grand intérêt aux

études et aux progrès des élèves. Il touchait au moment de terminer les travaux qu'il avait entrepris
pour perfectionner l'enseignement dont il était
chargé ; enfin il était récompensé de ses efforts par
l'estime de ses chefs et par les succès des élèves qu'il
avait formés, lorsqu'il mourut le 4 août 1822, à la
suite d'une courte maladie, occasionée par les fatigues de la surveillance des levés extérieurs, où il
porta peut-être trop de zèle. Après tant de travaux
utiles, tant de preuves de désintéressement, il est
presque superflu d'ajouter, que M. Maissiat est mort
sans fortune ; il ne s'occupait que de ses devoirs, il
se reposait sur ses chefs du soin d'apprécier ses services ; il est consolant de pouvoir dire, en terminant
cette notice, qu'ils ont rempli fidèlement cette tâche.

———————

Observation. Sur la note de la page 8. La première idée des
sextans graphiques est due à M. Lomet, ancien adjudant-comman-
dant, auteur de plusieurs bons Mémoires militaires. *Voyez* le Jour-
nal de l'École polytechnique, tome 4, page 254.

NOTICE (1)

Sur les opérations géodésiques et topographiques de la carte générale des départemens réunis de la rive gauche du Rhin.

« C'EST en août 1801 que je fus chargé de la direction de la carte générale des départemens réunis, sous les ordres de l'officier général directeur du dépôt général de la guerre.

» Cette carte devant, aux termes de l'arrêté du premier consul (2), faire suite à celle de France, j'adoptai pour point de départ, la position géographique de la tour de Dunkerque, et la distance de cette tour au clocher de Cassel, pour module d'un réseau de triangles, à combiner de Dunkerque à Cologne, et de Nimègue à Manheim.

» L'admission de cette tour pour point de départ, présentait l'avantage de lier cette vaste opération à la mesure célèbre de l'arc du méridien de Dunkerque à Barcelonne, par MM. Delambre et Méchain, et l'un de ces astronomes, M. Delambre, voulut bien me donner les élémens nécessaires pour parvenir au but que je me proposais.

» Le canevas trigonométrique des départemens réu-

---

(1) On verra, par la fin de cette notice, qu'elle doit être attribuée à M. Tranchot. Elle a été écrite en 1810.

(2) 26 juillet 1801 (7 thermidor an 9).

nis est de soixante-douze triangles du premier ordre, dont chaque angle composé de trois, quatre et même cinq séries, a été observé avec un cercle répétiteur de 14 pouces de diamètre.

» Pour parvenir à la connaissance de leurs côtés, on a rassemblé toutes les séries d'un même angle, sans en rejeter aucune ; on en a pris le milieu que l'on a réduit à l'horizon, au centre de chaque station, et au plan des cordes ; ceci terminé, les soixante-douze triangles se sont trouvés clos dans des limites très-resserrées, de sorte que l'excès ou la différence de la somme des trois angles avec 180 degrés ne passe pas une ou deux secondes, et ne va que quatre fois à trois secondes et à près de quatre secondes.

» Ces côtés connus, et l'azimut de la flèche de Cassel sur l'horizon de Dunkerque aussi donné par M. Delambre, on a non-seulement rapporté les sommets des triangles cités à la méridienne de Paris et à sa perpendiculaire, à l'imitation de M. Cassini ; mais encore on a calculé la latitude, la longitude et l'azimut de ces points, leurs différences de niveau et leurs hauteurs sur la mer, afin de connaître le point le plus culminant par département, et avoir un nivellement général qui présentera de grandes ressources pour les travaux que le gouvernement pourrait avoir à y projeter.

» Afin de faciliter les levés de détail, indépendamment des soixante-douze triangles du premier ordre dont il vient d'être fait mention, il en a été déterminé d'après eux environ huit cents secondaires, pour lesquels deux angles seulement ont été observés cinq fois avec le cercle répétiteur.

» Telles sont les bases fondamentales du plan topographique des départemens réunis, qui se rattache, d'une part, à un réseau de triangles appuyé sur une base mesurée en Alsace par M. le colonel Henri, et de l'autre, au canevas de la Hollande par M. le général Krayenhoff, qui, également a pour module la distance de Dunkerque-Cassel.

» Ces jonctions offrent des côtés communs, et conséquemment des objets de comparaison ; le premier à la hauteur de Manheim, résultant de la base de Melun-Lieursaint et de celle d'Ensisheim, présente une différence de $4^m,13$ en plus, sur une distance de 34,572 mètres, mais que l'on pourrait anéantir en se permettant d'éliminer les séries qui s'éloignent d'un juste milieu, et qui conspirent à augmenter les côtés depuis Dunkerque ; et le deuxième à la hauteur de Nimègue, résultant de la distance Dunkerque-Cassel, mais par des directions différentes, donne celle de $0^m,53$, sur une distance de 24,500 mètres.

» Il reste à déterminer la quantité dont aurait pu se dévier la chaîne de triangles depuis son départ jusqu'au Lausberg, près d'Aix-la-Chapelle.

» Un assez grand nombre de distances au zénith, observées au pied du signal du Laúsberg, pendant plusieurs jours de suite, ont donné par un milieu la latitude (1) de 50° 47′, 9″,25, et celle conclue par la

---

(1) La pyramide qui a été élevée en 1807 sur le Lausberg ou Loysberg, d'après le dessin de M. le capitaine Boucher, pour perpétuer la mémoire des observations qui y avaient été faites en 1804, porte que, la latitude du Loysberg est de 50° 47′ 8″,8, et sa longitude de 3° 44′ 57″,5. Mais la notice est postérieure.

latitude de Dunkerque d'après les formules de M. Delambre, de 5o° 47′ 1o″,28.

» Pareillement, un assez grand nombre d'arcs de
distances entre le centre du soleil et la flèche de
Sittardt, observés pendant cinq jours au coucher du
soleil, ont donné par un milieu l'azimut de la flèche
de Sittardt de 52° 24′ 53″,8o compté du nord à
l'ouest ; et celui conclu d'après l'azimut de Cassel
sur l'horizon de Dunkerque par les mêmes formules,
de 52° 24′ 47′′,53 ; les 15″,73 de différence dans ces
deux résultats, indiquent une petite déviation de l'est
à l'ouest, mais qui est de bien peu de conséquence
aux yeux de l'observateur le plus exercé.

» La distribution du levé des détails à MM. les ingénieurs-géographes qui composent la brigade des
départemens réunis s'est faite par bandes de l'est à
l'ouest, de 2o,ooo mètres de longueur sur 1o,ooo
de largeur, ce qui forme pour chacune d'elles une
superficie de dix lieues carrées.

» La bande n°ˢ 24 et 25, 2ᵉ partie, levée et dessi-
née par M. le capitaine Maissiat à l'échelle de $\frac{1}{20000}$,
qui est la seule jusqu'ici présentée au concours pour
le prix décennal, donnera une connaissance parfaite
de la topographie des départemens réunis : cette
bande est une des mieux exécutées sous tous les
rapports de l'art et des principes.

» L'auteur de cette notice a exécuté d'autres travaux en Corse et dans les îles de la Méditerranée, d'une
aussi grande importance que ceux-ci. Le jugement
qui en a été porté, en 1791, par MM. Lalande, Pin-
gré, Chabert, Cassini et Méchain de l'Académie
des Sciences, le justifie. »

NOTICE (1)

Sur une feuille-minute de topographie, levée par M. Maissiat, dans les quatre départemens réunis.

CETTE feuille contient la ville d'Aix-la-Chapelle, chef-lieu du département de la Roër; elle présente un rectangle dont les grands côtés ont un mètre de long, et les petits côtés cinq décimètres. Les premiers sont parallèles à la méridienne de l'Observatoire royal de Paris, et en sont distans à l'est, l'un de 26,000 mètres, l'autre de 28,000 mètres. Les seconds sont parallèles à la perpendiculaire du même Observatoire, et en sont distans au nord, l'un de 22,000 mètres et l'autre de 23,000 mètres. Cette feuille est la quatrième dont je fais le levé à l'échelle d'un mètre pour 20,000 mètres; elle contient 10 lieues de superficie, qui ont exigé huit mois d'opérations sur le terrain, et quatre mois de travail à dessiner. Je me suis servi des bases trigonométriques données par M. Tranchot, pour déterminer, tant par le calcul que graphiquement, les points dont la multiplicité était nécessaire pour assurer les nombreux détails qui y sont exprimés. J'ai levé ces détails tantôt à la planchette, tantôt à la boussole.

---

(1) Nous avons composé cette notice de différentes notes de M. Maissiat, sans jamais en altérer le sens, ajoutant seulement ce qui était nécessaire pour les lier entre elles.

J'ai fait usage de la boussole, lorsque le pays était extrêmement fourré, boisé et coupé de vallées profondes; je formais des périmètres appuyés et fermés sur des points trigonométriques. Les côtés mesurés sur les pentes ont tous été projetés sur le même plan que celui des bases. Les enceintes ou périmètres ont été de suite rapportées, étant sur le terrain; cette opération est devenue facile après les changemens (1) qui ont été faits à la boussole et au rapporteur. Enfin, pour que le détail fût plus rigoureusement d'accord avec le canevas, il a été levé, en remesurant encore les enceintes, après qu'elles avaient été fermées sur les points qui ont servi de bases.

C'est ainsi qu'opérant par enceintes, au moyen de clochers et de signaux déterminés et placés sur le canevas, j'ai fait le remplissage de cette feuille, qui est la première minute exécutée sur le terrain.

La topographie devant donner la description physique du pays, et la représentation distincte des objets, il fallait apporter la plus grande attention à les rendre de manière à faciliter la lecture de la carte, et à empêcher de prendre l'un pour l'autre; ce qui peut arriver dans la carte d'un pays extrêmement couvert. Pour atteindre ce but, je me suis conformé à ce qui est prescrit dans le Mémorial du dépôt de la guerre, pour détailler tous les objets, suivant les variations qui existent sur le sol, et sans que l'un puisse cacher l'autre, et pour donner une idée assez juste des formes et des hauteurs relatives d'un ter-

---

(1) Voyez le Mémoire de M. Maissiat sur la boussole, etc.

rain montueux, ondulé et accidenté, sans rien sacrifier de la projection horizontale.

J'ai rendu les montagnes, ainsi que les parties de
celles interceptées par des rochers ou autres accidens, par les projections des lignes de plus grande
pente, figurées avec des hachures à la plume mises à
côté les unes des autres, et qui représentent la projection de la ligne que tracerait un corps grave (1)
mu par son propre poids le long du flanc d'une montagne. J'ai considéré que les pentes composant le
flanc d'une montagne sont, à chaque changement de
plan, des zones coniques convexes ou concaves,
dont les sommets sont plus ou moins élevés, suivant que les pentes sont plus ou moins rapides. J'ai
obtenu les directions des lignes de plus grande pente,
au moyen de perpendiculaires abaissées sur des horizontales tracées sur le terrain. Ce principe est le
fondement de la méthode employée dans le figuré de
la carte. On reconnaît sur ma feuille, si les chemins
sont tracés horizontalement ; et s'ils sont inclinés,
quelle est leur inclinaison sur le penchant d'une montagne qu'ils traversent. On juge aussi quelle est la
rapidité des rivières et ruisseaux de la contrée.

Je suis parvenu à avoir la direction des pentes en
décrivant et mesurant tout ce qui est à la surface des
montagnes ; j'ai réduit à la projection horizontale la
longueur des hachures, et je les ai dessinées entre les

---

(1) Cette définition n'est pas exacte (*Traité de topographie*, etc.,
de M. Puissant, *page* 572), mais elle était alors employée. M. Maissiat décrit dans ce passage les procédés qu'il mit en usage pour ob-
tenir le figuré exact du terrain.

stations successives, de manière qu'elles tendent toutes au sommet du cône dont on a deux arêtes.

Les ombres servant à détacher les objets opposés
les uns aux autres, j'ai taché qu'elles ne soient pas
trop fortes, afin de ne pas oblitérer les traits qui
indiquent les rivières, ruisseaux, chaussées et chemins, et qui doivent toujours être très-distincts. Les
belles plaines du département de la Roër ne pré-
sentent que des mouvemens de terrain très-faibles,
dont la naissance est insensible et les glacis très-
légers; ils ne peuvent pas recevoir d'ombre si même
le point de lumière n'était supposé élevé au-dessus
de l'horizon que de dix degrés. Si l'on rendait avec
trop de force les faibles mouvemens du terrain, on
serait obligé de forcer les chaînes isolées qui sont
dans ces mêmes plaines, pour les distinguer des coteaux; ce qui deviendrait un grand inconvénient,
quand on arriverait dans les pays de montagnes.

Je me suis attaché à figurer l'origine des vallées,
à distinguer les pentes des plateaux de celles des re-
vers, qui sont toujours plus roides, et à exprimer
dans les cols les passages d'une tête de vallée à celle
de la vallée opposée; de manière qu'une chaîne de
montagnes ne paraisse pas composée de mamelons
détachés autour desquels le niveau est le même.

Enfin j'ai obtenu, au moyen des *tables de projections et de verticales* que j'ai publiées, les hauteurs relatives des objets intéressans et des points
culminans. On les rapportera facilement au niveau
de la mer, lorsqu'on aura calculé la hauteur du
pied du signal de la montagne du Lausberg, proche

Aix-la-Chapelle, dont on a les élémens depuis le point connu de Dunkerque jusqu'à ce signal (1).

J'ai indiqué, par les signes conventionnels de minéralogie adoptés au dépôt de la guerre, les différens minéraux qui se trouvent dans le sein des montagnes, ainsi que les emplacemens des bains alimentés par des eaux thermales.

Je me suis également conformé aux instructions du dépôt de la guerre sur les teintes conventionnelles adoptées pour indiquer les différentes natures de terrain et les diverses espèces de culture. Comme elles ne sont considérées dans ces instructions que comme un moyen auxiliaire de faire remarquer plus vite ce que l'on cherche sur une carte-minute, je les ai mises de manière à ne rien cacher du trait; et pour que la nature du sol soit encore connue, après la dégradation des couleurs, elle est de plus indiquée par des lettres initiales.

J'ai écrit pour les bois, s'ils sont de haute-futaie ou taillis, fourrés ou non, afin de connaître s'ils sont praticables à la cavalerie ou à l'infanterie. Lorsque ce sont des plantations régulières assez distantes pour qu'un homme à pied ou à cheval puisse passer à travers, les pieds des arbres sont indiqués par des points distincts.

---

(1) On doit regretter, après avoir lu ces deux notices, que toutes les hauteurs qui ont dû être déterminées ne soient pas connues. Suivant M. le baron de Zach (Correspondance astronomique et géographique, année 1818, page 150); celle du Mont-Tonnerre au-dessus du niveau de la mer serait de 679 mètres; celle du Meliboens de 545 mètres; celle du Calmet de 675 mètres, etc. Suivant M. Maissiat, le Louisberg ou Lausberg est élevé de 80m,52 au-dessus du seuil de la porte de Maëstricht a Aix-la-Chapelle.

J'ai figuré les haies qui séparent les différentes natures de culture , et celles qui couvrent la surface du
terrain : j'ai eu le plus grand soin de distinguer les
digues , lorsqu'elles servaient de communication ou
que l'on pouvait passer par-dessus avec une voiture.
Il y a aussi , dans quelques parties des quatre départe-
temens , les landwehrs (1) qui ne sont que des para-
pets simples , et quelquefois bordés de deux fossés ;
je les ai exprimés de manière à ne pouvoir pas les
confondre avec les chaussées. Ils offrent de grands
obstacles : la relation de la bataille de Creveld dans
la guerre de sept ans fait mention de ces espèces de
retranchemens qui empêchèrent l'armée française
d'effectuer ses manœuvres , et lui furent si nuisibles ,
faute d'avoir eu une connaissance exacte du pays.

Tout ce qui est habitation bâtie en pierres ou en
briques est dessiné au carmin. Les bâtimens publics
sont distingués par des hachures au carmin ou par
une teinte plus forte que celle des habitations des
particuliers. Pour donner plus d'intérêt à la carte des
quatre départemens et la rendre plus intelligible , les
ingénieurs ont levé avec exactitude les jardins des
presbytères , des châteaux , des fermes et autres
maisons remarquables , en sorte qu'on put reconnaître tous les vrais détails dont le pays est couvert.

---

(1) Les landwehrs du Palatinat servaient de limites aux banlieues
des grandes villes ; elles sont en partie effacées aujourd'hui ; elles
avaient deux fossés parallèles distans de 15 à 20 mètres. On peut les
comparer, pour le profil, aux petites digues plantées d'arbres ou
de haies qui entourent les propriétés en Normandie et en Bretagne,
et qu'on appelle improprement *fossés*. Les landwehrs de Spire citées
dans Feuquières n'avaient que deux débouchés.

Les flèches et tous autres points déterminés par la trigonométrie sont indiqués par un triangle à l'encre, et celles des clochers qui ne le sont que graphiquement par un point.

On a cherché à exprimer les cours d'eau, et les communications de toute espèce, de manière à prévenir toute méprise, et à faire reconnaître les difficultés que les uns et les autres offrent pour la guerre ; attention essentielle à avoir dans une carte militaire.

J'ai dessiné à l'encre les chaussées et grands chemins de communication d'une ville à une autre, et j'ai ombré les lignes suivant que ce qu'elles représentent est élevé ou encaissé.

Les chaussées pavées sont indiquées par une teinte rougeâtre ; les chemins, dont le fond est en cailloutage, le sont par une teinte pâle d'encre de la Chine. Les routes de poste sont indiquées par un cor de chasse.

J'ai dessiné au bistre les traits des chemins et sentiers, qui communiquent d'un village à un autre, ou à un hameau, ferme ou maison isolée.

Les ponts en pierres sont dessinés au carmin ; ceux en bois le sont à l'encre. Les passages de pied sur un ruisseau ou une petite rivière, où il y a une planche pour les traverser, sont indiqués par un petit trait à l'encre.

Les parties où les communications sont en mauvais état, ont un trait plein du côté de l'ombre, et un autre pointillé. Les parties où ces communications ne sont pas praticables à l'artillerie ont les deux côtés pointillés. Les chemins qui ne servent que pour aller d'un village à un hameau, ou d'un hameau à une ferme sont dessinés par un trait plein et un autre pointillé ; ceux qui servent seulement à la culture des terres, et ceux qui traversent des bruyères et terrains vagues où l'on peut passer de droite et de gauche, sont pointillés des deux côtés. Les sentiers de communication sont dessinés par un seul trait plein.

Les croix et les poteaux qui se trouvent à la rencontre de plusieurs chemins sont également exprimés.

Le trait des rivières, ruisseaux et fossés est à l'encre, et j'ai dessiné par des hachures les encaissemens plus ou moins forts des rivières, dont les bords sont escarpés de manière à empêcher la cavalerie ou l'infanterie de passer d'un bord à l'autre. Les arbres et buissons qui couvrent les bords sont aussi dessinés. Les parties où il se trouve du sable à découvert sont indiquées par un pointillé d'une couleur rougeâtre, et les endroits de passage où ces rivières sont guéables, le sont par deux côtés parallèles pointillés à l'encre.

Les usines sur les rivières ou sur des canaux qui en dérivent, sont dessinées au carmin, et le nombre des tournans est indiqué à l'encre en plan ou en élévation, suivant que la place a permis de les dessiner sans nuire au détail.

Les tours des moulins à vent et les ailes de ces moulins sont dessinées conformément aux notations prescrites dans le Mémorial de la guerre.

Les limites de territoire sont indiquées par des traits au carmin qui sont différens, suivant que ce sont des limites de département, d'arrondissement, de canton ou de commune.

J'ai adopté pour les caractères des écritures ceux

de la typographie , et pour la hauteur des lettres celle prescrite dans le Mémorial de la guerre , pour l'échelle sur laquelle la carte est levée. J'ai construit pour tracer les écritures , un instrument (1) qui donne les hauteurs et les inclinaisons des lettres sans se servir de compas. J'ai écrit les noms avec toute l'exactitude possible , selon l'orthographe du pays. Cette règle est d'autant plus importante à observer dans une carte militaire de ces contrées , que la plupart des noms de lieux ou de montagnes sont composés , et ont une signification qu'il est très-intéressant de connaître.

Je désire que mon travail réponde à l'importance de l'entreprise que le gouvernement a ordonnée , et aux efforts que j'ai faits pour contribuer aux progrès de la topographie.

---

(1) Voyez la description de cet instrument dans le *Mémoire sur la boussole.*

NOTICE

Sur M. Tranchot, *colonel au corps royal des ingénieurs-géographes militaires.*

Cet habile ingénieur-géographe, né à Nancy en 1752, commença de bonne heure sa carrière laborieuse. Il fut d'abord employé, en qualité de trigonomètre du Roi, au terrier général de la Corse, qui avait été ordonné par un édit de 1770, et dont la direction était confiée à MM. Testevuide et Bédigis. Ce travail fut exécuté avec beaucoup d'ordre, et embrassa tous les objets d'intérêt public de la Corse ; la partie géométrique, qui était l'ouvrage de MM. Lerey et Tranchot, a été approuvée par l'Académie des Sciences, en 1785.

M. de Chabert, inspecteur du dépôt des plans et journaux de la marine, travaillait, à cette époque, à un atlas de la Méditerranée ; comme membre de la commission qui avait fait le rapport sur les opérations géodésiques de la Corse, il avait apprécié les talens de M. Tranchot ; il le fit agréer au gouvernement pour être chargé d'exécuter les opérations trigonométriques et observations astronomiques, qui étaient nécessaires, pour lier la Sardaigne et la Toscane à la Corse. M. Tranchot partit de Paris en 1788, après s'être exercé aux observations astronomiques avec M. Méchain ; et, en 1791, il avait rempli sa mission. M. de Chabert, qui était pressé de faire jouir le public d'un nouvel atlas de la Méditerranée, et M. Méchain, qui était son collaborateur, entretenaient avec M. Tranchot une correspondance très-suivie ; ils recevaient ses observations, au fur et à mesure, et en tiraient tous les résultats dont ils avaient besoin. En 1791, ils soumirent à l'Académie des Sciences les cahiers de M. Tranchot. Ces documens portaient les caractères d'exactitude les plus évidens ; l'Académie rendit au trigonomètre de la Corse toute la justice qui était due à son zèle et à son habileté. Cependant l'exactitude des triangles qui lient la Corse à la Toscane est aujourd'hui contestée par un savant italien. *Voyez* la Correspondance astronomique de M. Zach, année 1821 ; les Connaissances des temps pour 1822 et 1824, où M. Puissant a pris avec avantage la défense des opérations de M. Tranchot.

Ces travaux finissaient, au moment où les savans français allaient entreprendre la mesure de l'arc du méridien entre Dunkerque et Barcelonne, opération qui fait époque dans l'histoire des Sciences, par son importance, la manière dont elle a été exécutée, et l'ouvrage qu'elle a produit, la *base du système métrique* par MM. Delambre et Méchain. M. Tranchot fut adjoint au second de ces astronomes, qui était chargé de la mesure de la partie méridionale de l'arc. Grâce à son intelligence et à son activité, en peu de mois, les emplacemens des stations furent reconnus, et les signaux établis ; M. Méchain se reposa même avec confiance sur la capacité qu'il lui connaissait, pour faire avec le cercle répétiteur plusieurs stations importantes, notamment celle du *Puy dela Estella*, que M. Tranchot fit en 1793, lorsque la guerre était déclarée entre la France et l'Espagne, et pendant laquelle il fut enlevé, et conduit garotté à la ville voisine, par des miquelets. La mesure de la partie méridionale de l'arc, comprise entre Barcelonne et Rhodez, étant terminée en 1798, il fut employé sous la direction de M. Delambre, à la mesure des bases de Melun et de Perpignan, et chargé, avec M. Bellet, de la partie de l'opération qui était sans contredit la plus longue et la plus fatigante de toutes, celle de caler et aligner les règles sur les trépieds.

Tels étaient les services de M. Tranchot, lorsqu'il fut envoyé en 1802 dans les départemens alors réunis de la rive gauche du Rhin, pour en faire lever la carte topographique et militaire. Ce beau travail que nous avons fait connaître (1), approchait de sa fin, quand il fut suspendu par les événemens de 1814. M. Tranchot revint à Paris et fut chargé de la mesure de la perpendiculaire de Paris à Brest; il était sur le terrain, et avait déjà commencé cette grande et importante opération, lorsqu'il fut atteint à Linas, près Paris, d'une attaque d'apoplexie, à laquelle il succomba en avril 1815.

---

(1) Les ingénieurs-géographes qui ont partagé les travaux de MM. Tranchot et Maissiat dans les départemens réunis, sont : 1° MM. Pigeou, Boclet, Delahaye, Roubo, Pierrepont, Chabrier, Régnault et Laurencin, morts ; 2° MM. Charrier, Bouvet, Bertre, Bagetti, démissionnaires ; 3° MM. Rousseau, Raymond, Boucher, Raffy, Chauvet, Ribet, Defransure, Guibert, Dumesnil, Clément, Berlier, Eymard, Darnaudin, Foulard, Montalant, Durand, Filhon, Plonniès, Boutinot, Mareuse, Vuillet et Kolb.

Imprimerie de DEMONVILLE, rue Christine, n°. 2.